STATISTIQUE

DE L'EVOLUTION

DE LA BIBLIOTHÈQUE NATIONALE DE PARIS

DEPUIS 1847

PRÉCÉDÉE D'UNE NOTE HISTORIQUE DEPUIS L'ORIGINE JUSQU'A NOS JOURS

PAR

VICTOR DE SWARTE,
TRÉSORIER PAYEUR GÉNÉRAL DU NORD, LILLE

EXTRAIT DES
RAPPORTS ET MÉMOIRES PRÉSENTÉS A LA SESSION DE KRISTIANIA
DE L'INSTITUT INTERNATIONAL DE STATISTIQUE
BULLETIN, TOME XII.

BIBLIOTHÈQUE NAT. R.F. IMPRIMÉS
DON

KRISTIANIA
IMPRIMERIE TH. STEEN
1900

Statistique

de l'évolution de la Bibliothèque Nationale de Paris depuis 1847.

Accroissement du nombre des volumes par suite du dépot légal, des acquisitions, et des dons; Nombre des Lecteurs à la salle publique et à la salle de travail; nombre de volumes mis en circulation. Pour la salle de travail, nombre de demandes d'admissions des Lecteurs divisés par Nationalités en 1896 1897—1898.

Précédée d'une Note historique depuis l'origine jusqu'à nos jours.

Par

Victor de Swarte,

trésorier payeur général du Nord, Lille.

SOURCES DE CETTE ETUDE.

18 Registres in-folio, contenant pour les années 1896 1897 - 1898, les demandes d'admissions à la Salle de travail, à feuilleter, page par page, pour relever la nationalité des lecteurs.

Leopold Delisle: Rapport sur les collections du département des imprimés. Paris, Champion, 1885.

La Bibliothèque Nationale en 1875: Rapport à M. le Ministre de l'Instruction publique. Paris, 1876.

La Bibliothèque Nationale en 1876: Rapport à M. le Ministre de l'Instruction publique. Paris, 1877.

Leopold Delisle: Note sur le département des imprimés à la Bibliotheque Nationale, Septembre 1891. Paris, Champion, 1891.

Leopold Delisle: Etat des Catalogues du département des imprimés à la Bibliothèque Nationale, Novembre 1875. Imprimerie Nationale.

Leopold Delisle: Rapport à M. le Ministre de l'Instruction publique, sur les Travaux d'inventaire et de catalogue de la Bibliothèque Nationale. Paris, Dupont, 1876.

Leopold Delisle: Note sur les catalogues de la Bibliothèque Nationale Lille, Danel, 1889.

Leopold Delisle: Catalogue général des Imprimés de la Bibliotheque Nationale. Introduction 1897.

Ch. Mortreuil, Secrétaire de la Bibliotheque Nationale: La Bibliothèque Nationale, son origine, ses accroissements jusqu'à nos jours. Notice historique. Paris, Champion, 1878.

DIVISIONS DE CETTE ETUDE.

I. Esquisse historique depuis l'origine jusqu'à nos jours.

II. Accroissements annuels de la Bibliothèque depuis 1847 (dépôt légal et acquisitions):

- A. Tableau.
- B. Diagramme et Commentaire.

III. Statistique du nombre de Lecteurs et du nombre de volumes communiqués:

- C. Tableau.
- D Diagramme et Commentaire.

IV. Statistique des demandes d'admissions à la Salle de Travail, par nationalité de Lecteurs.

- E. Tableau.

Note Historique.

Sans vouloir raconter en detail les origines de la Bibliothèque Nationale, nous avons voulu resumer d'après les belles etudes de M. Mortreuil, l'historique de cette institution, en insistant plus particulièrement sur les imprimés et les manuscrits et glissant légèrement sur les estampes et les médailles. Nous pouvons signaler que le point de depart des collections, dont le premier fond avait été vendu, conformément au testament de l'Empereur Charlemagne, afin que le prix en fut distribué aux pauvres, remonte à plusieurs volumes qui furent possedés par *Louis le Débonnaire* (814—840) et par *Charles le Chauve* (843-877), dont le livre d'heures, les bibles et les évangiles sont des modèles de la calligraphie du IXe siècle. (1)

A la mort de *St. Louis* (1226—1270), il ne resta à la Bibliothèque que les livres à l'usage de la chapelle; les autres furent partagés, aux termes du testament du roi, entre les dominicains et les Cordeliers de Paris, les religieux de l'abbaye de Royaumont et les dominicains de Compiègne.

La Bibliothèque de France ne date réellement que de *Charles V* (1364—1380). Un inventaire en 973 articles fut redigé par le valet de chambre du roi, Giles Mallet, en 1367 «lequel pour cause que en lui sçavait plusieurs vertus, moult aimoit», et des recollements effectués en 1380 par Jean Blanchet et en 1412 et 1424 par Jean le Bègue. Les livres furent transportés du palais de la Cité, dans la tour du château du Louvre, dite la tour de la Fauconnerie. Le successeur de Giles Mallet, qui avait augmenté la Bibliotheque de 210 volumes, fut, en 1410, sous le regne de *Charles VI* (1380-1422), Antoine des Essarts, Seigneur de Thieux et de Glatigny, écuyer valet tranchant, conseiller et garde des deniers de la librairie du roi. Il eut pour successeur, en 1412, Garnier de St. Yon, échevin de la ville de Paris, qui appartenait au parti des Bourguignons, et dut céder la place, en 1416, à l'arrivée au pouvoir des Armagnacs, à Jean Maulin, clerc du roi. De cette époque, date la ruine de la Bibliothèque, son émiettement, d'abord entre les mains de princes et de souverains étrangers qui ne rendaient pas les livres prêtés et, finalement, la vente au prix de 3323 ll. 4 s. de toute la collection, au duc de Bedford, sur un inventaire dressé par Garnier de St. Yon, qui avait repris sa charge à la

1 Le département des manuscrits possède aussi quelques documents antérieurs: notamment le Pentateuque de Tours, qui, après avoir été cedé par Libri à lord Asburman, a été racheté, il y a quelque 15 ans, par l'administrateur actuel, M. Leopold Delisle. L'étude des miniatures, merveilleusement conservées, de ce manuscrit, nous a permis de présenter au Congrès des Sociétés Savantes, réuni cette année à Toulouse, *Quelques considérations sur le costume au VIIe Siècle*. La Bibliothèque Nationale renferme, de plus, un évangéliaire qui provient de la vente effectuée à la mort de Charlemagne et qui longtemps avait été conservé à St. Sernin, de Toulouse.

mort de Jean Maulin. Jusqu'au règne de *Louis XI* (1481—1483) aucun effort n'est fait pour reparer ce desastre. Laurent Paulmier fut nommé garde des livres; peut être aussi, après celui-ci Robert Gaguin. Jean Fouquet de Tours reçut le titre d'enlumineur du roi. Louis XI ne sut pas enrichir la Bibliothèque de celles des ducs de Berry et d'Anjou et surtout de la plus celèbre, celle des ducs de Bourgogne, à la mort de Charles le Téméraire.

Charles VIII (1483—1491) rapporte d'Italie, lors de son expédition, de Naples, la meilleure partie des livres des rois d'Aragon; il enrichit la Bibliothèque des plus beaux livres imprimés.

Du chef de son grand père Louis, fils de Charles V, et du chef de son père Charles d'Orléans, *Louis XII* (1498—1515), ami des livres, possédait à Blois, de belles collections, qui s'enrichirent des livres rassemblés à Pavie, par les Visconti et les Sforza (entre autres 10 volumes ayant appartenu à Pétrarque) et de la bibliothèque de Louis de Bruges, seigneur de la Gruthuyse (120 volumes dans nos collections actuelles).

Des lors commence l'histoire moderne de la Bibliothèque.

François I (1515—1547) qui, lui aussi, aimait les lettres, possédait de ses aïeux, la bibliothèque des comtes d'Angoulème qui remontait à Jean le Bon (fils de Louis d'Orléans et frère de Charles) qui a ecrit le manuscrit coté aujourd'hui, 3638 du fond latin. Il installa la Bibliothèque à Fontainebleau et l'accrut de 60 volumes grecs, acquis de Gérôme Fondule, et 18 manuscrits de Jean de Pins, évêque de Rieux, notre ambassadeur à Venise; elle reçut des dons nombreux de nos ambassadeurs et même des étrangers. Guillaume Budé fut nommé, en 1522, maitre de la librairie, titre nouveau qui remplaça celui de garde de la librairie. Elle s'accrut encore, en 1527, à la confiscation des biens du connétable de Bourbon. Sous Pierre du Chatel, qui, à la mort de Guillaume Budé en 1540, lui succéda, la Bibliothèque de Fontainebleau s'enrichit le 15 juin 1534, de celle de Blois, très soigneusement conservée et entretenue depuis la mort de Louis XII, par Adam Laigre, aumônier de la reine, Guillaume Petit, Jacques Lefebvre, d'Etaples et Jean de la Barre; ce dernier fut chargé avec le poëte Mellin de St. Gelais, maître de la chambre des comptes de Blois, de l'inventaire. Mellin de St. Gelais exerça les fonctions de garde de la librairie coinjointement avec Mathieu Lavisse, sous la haute direction de Pierre du Chatel, maître de la librairie.

C'est l'époque où François I fit exécuter ces belles reliures en cuir portant les armes de France accompagnées d' *F* couronnées et de salamandres. *Henri II* (1547—1559), de son coté, fit exécuter plus de 800 reliures avec des *H* couronnés, des *D* et des *C* entrelacés, des croissants, des armes et des carquois, avec de riches ornements et des dessins d'une grande finesse. Plus rares et aussi belles sont les couvertures aux armes de *Francois II* (1559—1560), de *Charles IX* (1560—1574) et de *Henri III* (1574—1589); c'est l'époque des belles reliures de ces grands amateurs, les Grolier, les Maïoli.

La Bibliothèque s'accrut (sous François II ?) de la collection Aymar de Ranconnet.

Pierre du Chatel qui continua ses fonctions sous Henri II, fit exécuter par Ange Vergéce, un premier catalogue de 260 volumes de livres grecs, de la librairie de Fontainebleau, et un second par Constantin Palœocappa. Il eut pour successeur, en 1552, le savant mathématicien, Pierre de Montdoré, conseiller au grand conseil jusqu'en 1567. Accusé d'être partisan de la réforme, il eut pour successeur Jacques Amyot, le traducteur de Plutarque, qui garda la charge jusqu'à sa mort, en 1594. Jean Gosselin, qui remplissait alors les fonctions de garde de la librairie, effectua sous Charles IX, le transport de la Bibliothéque de Fontainebleau à Paris, où elle courut, pendant les troubles de la ligue, les plus grands dangers. Le président de Nully et ses amis y pénétrèrent et on les vit «s'en aller portant d'assez gros paquets sous leurs manteaux»; la librairie aurait été complètement pillée, sans l'intervention du président Brisson, qui «à ma requête et sollicitation», ajoute Gosselin, «a empêché leurs intentions».

Henri IV (1559—1598) l'installa au Collège de Clermont, aujourd'hui lycée Louis le Grand, devenu libre par l'expulsion des jesuites; en 1604, elle fut transportée au couvent des Cordeliers et en 1622, rue de la Harpe, au dessus de l'église St. Côme, en une maison appartenant aux Cordeliers; elle s'était enrichie dans cet intervalle, de la riche collection de Marie de Médicis, contenant près de 800 volumes, dont un grand nombre de manuscrits grecs. Ce fond provenait du cardinal Ridolfi, neveu de Léon X, et avait été acheté par P. Strozzi, maréchal de France; c'est à sa mort, au siège de Thionville, en 1558, que Catherine de Medicis, s'en était emparée, moyennant une somme qui ne fut jamais payée au fils du maréchal.

L'historien J. Auguste de Thou, qui avait remplacé Amyot depuis 1593, fit reunir à la couronne cette bibliothèque, estimée 5400 fr. écus en dépit de l'opposition des créanciers de Catherine de Médicis et à la faveur de 2 arrèts du parlement, des 25 janvier et 30 avril 1599. Cinq ans auparavant, le 20 août 1595, le parlement avait décidé aussi l'incorporation à la Bibliothèque du roi, de celle que Charles le Chauve avait donnée à l'abbaye de St. Denis.

Isaac Casaubon succéda, en 1604, à Gosselin, comme garde de la librairie, mais dut se retirer en Angleterre dès 1610, à cause de ses opinions religieuses. Il ne fut remplacé qu'en 1615, par Nicolas Rigault. A la mort de J. A. de Thou, en 1617, son fils Français de Thou, âgé seulement de 9 ans, le remplace comme maître de la librairie; ce fut Nicolas Rigault qui gouverna. Il décida le dépôt de 2 exemplaires de tout ouvrage imprimé et confectionna avec Saumaise et Hautin le premier catalogue général, pour remplacer les inventaires partiels. Ce catalogue fut achevé en 1622, il est divisé en 5 sections: 3 pour les manuscrits, 2 pour les imprimés; en tout 6000 volumes, dont un faible nombre d'imprimés.

La Bibliothèque s'accrut en 1621, au prix de 12,000 écus, de 400 volumes, provenant de l'heritage de Philippe Hurault, évêque de Chartres; laquelle avait été formée par les acquisitions de manuscrits grecs, effectuées par Jean Hurault, ambassadeur à Constantinople, sous Charles IX, et par les manuscrits, la plupart sur l'histoire de France, réunis par Philippe Hurault, comte de Cheverny.

Ce n'est que longtemps après la mort de Richelieu, que vinrent à la Bibliothèque, les livres de M. de Brèves, ancien ambassadeur à Constantinople, qui avaient été achetés au nom du roi, mais avaient d'abord enrichi la collection du Cardinal, puis à sa mort etaient allés avec tous ses livres à la Sorbonne. Il en fut de même de la collection de 353 volumes de copies de documents diplomatiques et administratifs d'Antoine de Lomenie, ancien ministre d'Etat, qui avaient été cédés pour 38,000 ll. par son fils, le comte de Brienne, qui, des mains de Richelieu, passa dans celles de Mazarin et n'entra à la Bibliothèque qu'à la mort de ce dernier.

A la mort de François de Thou, en 1642, Gerôme Bignon fut nommé maître de la librairie, dont il obtint la survivance pour son fils en 1651. Ils n'exercèrent sur la Bibliothèque aucune action utile; elle fut administrée par Rigault et ses successeurs, nommés officiellement en 1645, Pierre et Jacques Dupuy. Ces derniers avaient déjà antérieurement rendu d'importants services à la Bibliothèque par les acquisitions des collections d'Hurault et de Brienne et ils avaient réuni pour leur compte personnel, en collaboration avec leurs frères Christophe et Augustin, une importante collection, déjà en formation au temps de leur père, le conseiller au parlement, Claude Dupuy. Pierre mourut en 1651 et Jean le suivit de près en 1656, après avoir par testament, du 25 mai 1652, cedé sa bibliothèque au roi, c'est à-dire plus de 9000 volumes imprimés et reliés en veau très simple, avec des deltas d'or entrelacés, sur le dos. Ils avaient, dès 1645, revisé et augmenté le catalogue de N. Rigault; ils l'avaient divisé en 3 parties, dont les 2 premières aux manuscrits, 3930 nos, et la seconde aux imprimés, 1329 volumes.

Colbert administrait lui-même, avec le concours de son bibliothécaire Pierre de Carcavy et Nicolas Clément de Toul, la bibliothèque qui relevait de ses attributions comme surintendant des bâtiments et des maisons royales. Son frère Nicolas Colbert, garde de la collection Dupuy, avait un rôle effacé. A cette époque, elle s'enrichit des collections de Gaston d'Orléans, et d'Hippolyte, comte de Béthune (collection provenant de son père Philippe de Béthune et comportant de nombreux originaux de lettres émanant des plus hauts personnages de France, depuis Louis XI jusqu'à Louis XIV. La reine Christine de Suède en avait offert 100,000 écus); à signaler aussi, l'acquisition de la collection du libraire Trichet du Fresne, sauf une partie relative à l'histoire d'Italie, achetée d'abord par Fouquet et qui fit retour plus tard au depôt royal. La Bibliothèque déménagea en 1666 et fut installée rue Vivien (rue Vivienne aujourd'hui) dans un immeuble que possédait Carcavy, voisin de l'installation actuelle.

C'est alors que fut organisé le cabinet des médailles et pierres gravées, dont le legs de Gaston d'Orléans contenait 24 belles boîtes d'agathes dont la plupart étaient en relief auxquelles furent jointes les acquisitions de François I, de Marie de Médicis et la collection Grolier, achetée par Charles IX, et successivement en 1669, les medailles de Pierre Seguyn, doyen de St. Germain; en 1670, de M. Lauthier, d'Aix; de Tardieu lieutenant général; de de Sere, conseiller d'Etat; du comte de Brienne; de M. M. Le Charron et de Trouenne, ces dernières contenant les raretés de Pereise, les pierres gravées de Bagarris et le fameux cachet dit de Michel Ange. La mission du voyageur Vaillant en Italie. Grèce, Egypte et Perse, doubla l'importance de ce cabinet.

Le cabinet des estampes fut formé aussi à cette époque par l'acquisition de 123,400 pièces, au prix modique de 30.800 ll., provenant de Michel de Marolles, abbé de Villeloin, auxquelles on adjoignit les livres d'antiquité romaine, tant en taille douce que faits à la main; tailles douces de Rubens et autres divers portraits aussi en taille douce, soit reliés, soit en feuilles, qui provenaient du legs Dupuy et qui s'accrûrent, de 1670 à 1683, de 1000 pièces gravées par les ordres de Colbert, reproduisant les œuvres célèbres des peintres de l'époque ou du siècle précedent et les evenements les plus remarquables du règne, sous la direction de Nicolas Clément et de Gayton imprimeur du roi. Elles ont pris place aujourd'hui, depuis 1812, aux Musées nationaux.

En 1667, à la vente de Gilbert Gaulmin, doyen des maîtres de requêtes, une acquisition fut faite au prix de 2685 ll. 05 s., de 557 manuscrits originaux (127 manuscrits hébreux et 4 en langue syriaque).

A la disgrâce de Fouquet, 1100 volumes, la plupart imprimés, relatifs à l'histoire d'Italie, furent acquis au prix de 19,300 ll. Un echange fut fait, par arrêt royal du 12 janvier 1668, entre la Bibliothèque du roi et celle que Mazarin avait cédée au Collège des Quatre Nations, il en résulta, pour la Bibliothèque royale, un accroissement de 2156 manuscrits et 3678 imprimés.

En 1669, on acquit pour 25,000 ll., 10,000 volumes, et 136 manuscrits du médecin Jacques Mantel. En 1672, pour une rente de 6 minots de sel, 67 manuscrits et 18 incunables, des Carmes de la place Maubert, et un peu plus tard, 20 manuscrits de la collection Petau.

Sur des instructions rédigées le 30 Decembre 1667, M. M. de Monceaux et Laîné rapportèrent d'Orient des manuscrits anciens en grec, en arabe, en persan, et aussi de belles peaux de maroquin vertes, ou incarnat, pour les reliures. Des missions furent aussi données à Paul Lucas, François Lacroix et Nointel; 630 manuscrits orientaux et 30 manuscrits grecs furent rapportés par le père Jean Wansleb; 800 livres de mathématiques et 16 manuscrits furent envoyés d'Italie, par Cassini, en 1678, et Verjus rapporta de Portugal 240 volumes.

Le catalogue fut fait par Nicolas Clement de 1675 à 1687, en 7 volumes, suivant la matière des ouvrages divisés en 23 series, avec, pour cote, une lettre de l'alphabet, et 6 volumes de table alphabétique; il y releva 40,000 volumes. La division de ce catalogue sert encore de base au catalogue d'aujourd'hui.

A la mort de Colbert, Gérôme Bignon avait encore la charge de maître de la librairie; Louis Colbert, fils du Ministre etait garde de la librairie depuis 1676. Louvois acheta les deux charges pour son fils âgé de 9 ans, Camille Le Tellier, plus tard abbé de Louvois. L'abbé Gallois, protegé de Colbert, avait succedé à Carcavy, qui fut remplacé par l'abbé Vares, et en 1684, l'orientaliste Melchisedec Thevenot, fut nommé garde de la librairie. Pendant la minorité de son fils, Louvois géra la Bibliothèque, aidé de son frère l'archevèque de Reims.

En 1688, la Bibliothèque comprenait 43,000 imprimés et 10,000 manuscrits, et en 1715, à la mort du roi, 70,000 volumes. L'abbé de Louvois était encore, à cette epoque, bibliothécaire, il mourut en 1618, et eut pour successeur l'abbé Jean Paul Bignon, fils de Gérôme, le prédécesseur de l'abbé de Louvois.

L'arrêt du 20 sept[bre] 1719, sous le ministère de Maurepas, prescrit un récolement général de toutes les collections, qui fut mené à bonne fin en 1720, par l'abbé Bignon, les gardes de la Bibliotheque et MM. de Boze et Fourmont designés par le roi.

Quatre départements furent créés:

1° Les Manuscrits: garde Boivin;

2° Les Imprimés: garde de Targuy;

3° Les titres et genealogies: garde Guiblet.

4° Les planches gravées et estampes: garde Le Hay.

Les médailles restaient à Versailles.

Il s'agissait maintenant de donner à la Bibliothèque un meilleur emplacement. A la mort de Mazarin, la partie de son palais sur la rue de Richelieu échut au marquis de Mancini, le mari de la nièce du Cardinal, et était devenu l'hôtel de Nevers, où s'installa la banque de Law; cet hôtel, vacant en 1721, lors de la ruine du financier, fut, sur la demamde de l'abbé Bignon, accordé provisoirement, par le Régent pour l'installation des manuscrits, et à perpétuité, par lettres patentes, du 16 mai 1724. L'architecte de Cotte dirigea les travaux d'aménagement et il parvint à réaliser le projet que l'abbé de Louvois avait eu déjà, d'en ouvrir les portes au public. Avant lui, Colbert en avait déjà facilité l'accès à des savants français et étrangers, et des prêts étaient consentis dans des conditions exceptionnelles ou des communications sur place qui étaient considérées comme une véritable faveur.

BIBLIOTHÈQUE

L'arrêt du conseil du 11 octobre 1720 accorda l'entrée aux savants et l'ouverture au public, une fois par semaine depuis 11 heures du matin jusqu'à une heure de l'après-midi.

En 1717, la Bibliothèque s'était accrue de 250 volumes ou portefeuilles généalogiques donnés par Charles d'Hozier; en 1718 acquisition de 600 manuscrits (histoire de France des XVI et XVII siècles) de Philippe de la Mare, et en 1719, au prix de 30,000 ll., de 1 400 volumes de la Collection d'Etienne Baluze.

L'abbé Bignon acheta, en 1720, de Dacier, la charge de garde du cabinet du Louvre (formé par Henri IV et contenant beaucoup de manuscrits de la librairie du cardinal d'Amboise) et des héritiers de M. de Sainte-Marthe, la charge de bibliothécaire de Fontainebleau, ce qui amena, de 1723 à 1732, la fusion de ces collections dans celles de la Bibliothèque; plusieurs volumes du chateau de Versailles y furent aussi versés.

Morel de Thoisy, lieutenant général au baillage de Troyes, donna au roi sa collection de 646 volumes (matières ecclésiastiques et historiques, jurisprudence et belles lettres). Puis vint, en 1725, le don par Sebastien de Brossard, chanoine de Meaux, d'une importante collection musicale, qui commença, heureusement, la serie musicale; on versa aussi au dépôt royal, en 1725, 29 volumes contenant la copie des actes authentiques du Conseil de Bâle, si utiles pour l'histoire de l'église gallicane; puis on fit l'acquisition, au prix de 5,000 livres, de 200 manuscrits de l'abbaye de St. Martial de Limoges et pour 12,000 ll., 413 volumes de la collection de la famille de Mesmer et aussi 519 volumes en folio (80,000 pièces) de la collection d'estampes de Henri de Berenghem, 1er ecuyer du roi, et enfin, la plus précieuse de toutes, celle de Colbert, soit 6,645 manuscrits au prix de 300,000 ll. En 1733, Antoine Lancelot céda au roi 206 manuscrits et 189 volumes de documents, et cette même année, la Bibliothèque acquit pour 40,000 ll., de Châtre de Cangé, 7,000 volumes et 158 manuscrits. En 1734, les papiers du Collège de Navarre, don de l'abbé Drouin; en 1736, 18 manuscrits achetés à la vente de Coislin; 1737, 128 manuscrits, 48 imprimés, vente des héritiers de l'abbé de Targny; en 1748, 300 volumes imprimés, 280 manuscrits, don du duc de Noailles. Même année, la collection de Lorraine copiée par Lancelot à Nancy, qui est aujourd'hui de 1,036 volumes lequels se rapportent presque tous à ce don. Bignon était, il faut le dire, puissamment aidé dans ses efforts par M. de Maurepas. En 1723, la compagnie des Indes fait don de 1,800 volumes chinois.

De 1729 à 1737, chaque année les missionnaires jésuites et surtout le P. Legac envoient des ouvrages de l'Inde. La mission donnée en Turquie et dans les provinces du Levant à l'abbé Sevin, et celle de l'abbé Fourmont en Grèce, enrichirent la Bibliothèque de 600 manuscrits. Les relations de Bignon dans tous les pays de l'Europe s'augmentaient chaque jour, et enrichissaient la Bibliothèque. En Danemark, le comte de Plélo envoya, de 1723 à 1734, 700 volumes, la plupart imprimés. Bignon donna beaucoup de force aux reglements notamment en ce qui concerne le dépôt légal et la mise à jour des catalogues, où collaborèrent Boivin le cadet, mort en 1726, garde des manuscrits, et son successeur l'abbé de Targny qui venait du département des imprimés et surtout l'abbé Sallier, membre de l'académie des Inscriptions. Les manuscrits orientaux furent exécutés par l'abbé Sevin, qui eut comme collaborateurs Fourmont pour les livres chinois, Armin pour les manuscrits persans et turcs et Ascari pour les syriaques.

Sevin remplaça en 1737, à la tête du département des manuscrits, l'abbé de Targny mais il mourut en 1741 et le travail des catalogues fut terminé par son successeur Melot de l'académie des Inscriptions.

Bignon prit sa retraite, en 1741, à l'age de 80 ans, il mourut le 14 mars 1743. C'est lui qui fit rentrer à Paris le cabinet des medailles.

Dès 1722, l'abbé Bignon avait obtenu pour son neveu Bignon de Blanzy, la survivance de charge, mais ce dernier mourut quelques jours avant son oncle, aussi cette charge en souvenir des bons offices de l'abbé Bignon, fut-elle donnée à Armand Gérôme Bignon, le 31 mars 1743. Sous son administration 11,000 volumes choisis dans les 50,000 volumes de la bibliothèque du médecin Falconet furent mis à la disposition de la Bibliothèque du roi qui accorda à ce membre de l'académie des inscriptions, une rente viagère de 1,200 ll.; 8,000 volumes pour lesquels l'Imperatrice de Russie avait offert 50,000 écus, furent cédés pour une rente viagère de 1,750 ll. par M. de Charsiné, neveu de Huet, évêque d'Avranche, et de plus, une ample moisson de livres précieux fut faite par l'abbé Boudot, dans la bibliotheque des jésuites, après leur expulsion.

Les manuscrits s'étaient aussi accrus en:

1748, du don de la collection Megret de Serilly;

en 1749, des papiers de Dangeau;

en 1752, de 20 manuscrits de la Ste Chapelle de Bourges, offerts par les chanoines à Louis XV;

en 1753, des manuscrits de Bossuet, présent de l'abbé Delamotte;

en 1754, de 1,400 volumes de la collection Dupuy, achetés pour 60,000 ll. à Joly de Fleury;

en 1756, des manuscrits de Ducange, achetés à son arrière-neveu, pour une rente viagère de 3 000 ll.;

en 1756, des papiers de Jean Racine;

en 1756, de 300 manuscrits, don des chanoines de Nôtre-Dame de Paris;

en 1765, de 1,000 volumes, moyennant 90,000 ll. et une rente viagère de 8,000 ll., collection de Fontagneux, conseiller d'Etat, Intendant des meubles de la couronne.

Pendant cette période, le cabinet des titres s'augmentait considérablement, notamment sous l'abbé de la Cour, qui avait succedé à Guiblet (nommé le premier, par Bignon, garde du cabinet généalogique) qui sut acquérir pour 31,000 ll., 129,600 titres originaux.

Fréderic Bignon fut remplacé en 1783, par Lenoir, ancien lieutenant général de police; c'est lui qui fit acquérir, en 1784, à la vente du duc de La Vallière, au prix de 65 036 ll., 700 imprimés et 750 manuscrits pour 41,797 ll., et l'année suivante la collection des œuvres de Rembrandt qui fut achetée au sieur Peters pour la somme de 24,000 ll.

On acquit, en 1786, au prix de 6,000 ll. des estampes et des plans de Leclerc;

en 1786, pour 12,000 ll. la bibliothèque de Le Camus de Limars;

en 1787, pour 6,000 ll. des manuscrits de M. Abeille, secrétaire du bureau de commerce;

en 1788, pour 3,000 ll. dessins et tableaux de Carle Van Loo;

en 1789, pour 8,502 ll. des volumes du cardinal de Loménie;

en 1789, pour 3,300 ll. 52 volumes du maréchal de Richelieu;

en 1789, pour 1,131 ll. la vente de La Lande.

Sous Louis XV, le budget de la Bibliothèque etait de 68,000 ll.

soit: pour le Personnel 46,469 ll.
« les Acquisitions 16,329 «
« la reliure 5,202 «

En 1778 et les années suivantes, le budget s'eleva en moyenne à 83,000 ll. et finit par atteindre 169,220 ll. 10 s.

La Bibliothèque etait ouverte 2 fois par semaine de 9 h. à 2 h. et quelquefois, plus tard, et l'accès en était accordé tous les jours aux hommes de lettres et à ceux qui avaient des recherches sérieuses à y faire. Il n'était pas rare au département des imprimés de recevoir, en une séance, plus de cent personnes, et on retrouve, sur les registres d'inscription des livres prêtés, de nombreuses indications qui montrent, avec quelle libéralité, les communications étaient faites et quel empressement les gens de lettres montraient à les demander.

Sur les registres, de 1740 à 1788, on relève les noms de Voltaire, Montesquieu, Buffon, d'Alembert, Diderot, Condorcet, Marivaux, Lacépède, Daubenton, Mauperthuis, l'abbé Lambert, Crébillon, Florian, Berquin, Fréron, Suard, La Harpe. En 1788, Mirabeau, en 1790, Sieyès, et dans les années suivantes, nombre de députés à la Convention.

De 1720 à 1789, les imprimés s'étaient accrus de ⅘ et renfermaient plus de 300,000 volumes ou pièces. Le département des titres, 5,200 boites et un grand nombre de portefeuilles contenus dans neuf salles.

En 1789, le personnel comprenait 54 agents de tous grades qui touchaient entre eux la somme de 75,700 ll., et il était de plus donné des salaires à 14 suisses ou frotteurs.

Pendant la période revolutionnaire, la Bibliothèque qui eut à sa tête Van Praet, dont la Science bibliographique et l'activité furent à la hauteur de sa tâche, et qui fut secondé par Capperonnier, s'accrut des imprimés et manuscrits des bibliothèques des emigrés, et de celles des établissements religieux. Les bibliothèques des emigrés furent versées dans divers dépôts littéraires, celui de la rue de Lille qui avait à sa tête Ceryès fut formé des bibliothèques des familles émigrées Dangevilliers, Castries, Cicé, Caraman, Doudeauville, Rochechouart, Talleyrand-Périgord; rue de Thorigny, dirigé par Pyre, reçut les bibliothèques des émigrés Maubec, Paulmier, Thiroux de Mondésir, Villedeuil, Viseux; celui de la rue St. Marc, reçut les bibliothèques de Penthièvre, Philippe d'Orléans, Croy d'Havry, Renaud, Montaigne, Choiseul, Egmont, Montmorency.

Des volumes d'émigrés furent aussi reçus dans les dépôts littéraires des Cordeliers et de l'Arsenal.

Certains livres des bibliothèques des établissements religieux furent versés dans les dépôts des Capucins St. Honoré, de Louis la Culture, des Elèves de la Patrie, ci-devant la Pitié, mais la plupart restèrent dans les maisons qui les avaient formées, notamment aux Celestins, aux Feuillants, aux Jacobins, aux Minimes, à l'Oratoire, aux Petits-Pères, à l'abbaye de St. Victor, à la St. Chapelle, à la Sorbonne, à l'abbaye de Saint-Germain des Près.

Des dépôts provisoires furent aussi formés en province, c'est ainsi que Chardon de la Rochette fut envoyé à Troyes, à Dijon, à Nîmes. De plus, des commissaires du gouvernement aux armées, Keil, Neveu, Joubert, Rudler, Denon, en Allemagne; Cubières, Monge, Daunou, en Italie, envoyèrent de nombreux ouvrages destinés à nos établissements scientifiques et littéraires; en 1795 et 1796, on reçut de la Belgique et de la Hollande 2,000 volumes imprimés et 942 manuscrits; de l'Italie, 284 volumes imprimés ou manuscrits. Tous ces envois continuèrent jusque vers 1809 et furent l'objet de reintégrations, lors du traité de Vienne.

En 1789, Lenoir avait été remplacé par Lefebvre d'Ormesson de Noyseau, député à l'assemblée nationale. Il ne resta pas longtemps en fonctions et fut condamné à mort en 1794. En 1792, Rolland, président du Conseil exécutif provisoire, créa deux places de bibliothécaire, l'une pour Chamfort, l'autre pour le conventionnel Carra, qui tombèrent avec les Girondins et furent remplacés, le 15 brumaire an II, (sur la nommination de Parré, ministre de l'Intérieur), par l'orientaliste Lefevre de Villebrune. Van Praet, conduit en prison, parvint à s'echapper. Joly, le doyen des conservateurs et son fils, sont révoqués, et remplacés par un employé inferieur Boumeu; Barthélemy est emprisonné et remplacé par un employé secondaire, Cointreau.

L'assemblée constituante avait réduit le budget à 110,000 fr.

En 1791, un crédit extraordinaire de 100,000 fr. y avait été ajouté.

Le decret du 25 vendémiaire an IV, porta le crédit à 192,000 fr.

Capperonnier et Van Praet furent nommés conservateurs des imprimés. Les conservateurs des manuscrits furent Langlès (pour les fonds orientaux), La Porte du Theil (pour les fonds grec et latin) et Legrand d'Haussy (pour les fonds modernes), Barthelemy de Couçay, neveu de l'abbé Barthélemy et Millin furent conservateurs des médailles, Joly fils, conservateur des estampes. Le 5 brumaire an IV, le conservatoire elut Barthélemy, directeur, Van Praet, trésorier et Millin secrétaire.

Le règlement du 25 fructidor an IV stipula que la bibliothèque serait ouverte au public tous les jours de 10 h. à 2 h.

Aux termes de la loi du 19 juillet 1793, c'était aux auteurs qu'incombait l'obligation de faire le dépôt legal, de 2 exemplaires de leurs ouvrages à la bibliothèque ou au cabinet des estampes.

Sous les lois de l'Empire, qui fit de ce dépôt un instrument de police, l'obligation incombait à l'imprimeur.

Le recensement prescrit le 7 septembre 1807 releva 252,000 volumes imprimés, 83,000 volumes manuscrits et 4,626 volumes contenant environ 1,500,000 estampes.

L'arrêté de Lucien Bonaparte, Ministre de l'Intérieur du 28 Vendémiaire an IX, créa une place d'administrateur en faveur de Capperonnier. Van Praet resta seul conservateur des imprimés et les autres fonctions furent remplies par les titulaires désignés en l'an IV. Gosselin avait remplacé, dès l'an VIII, Barthélemy décédé.

Après les traités de Vienne qui avaient fait reprendre dans la Bibliothèque nationale les documents qui y avaient été déposés au temps de la République et de l'Empire, vinrent les gouvernements de Louis XVIII et de Charles X, qui pendant 14 ans, dotèrent la bibliothèque d'allocations extraordinaires qui ne s'élevèrent pas à moins de 295,000 fr. En 1839, la Chambre des députés alloua un crédit extraordinaire de 1,200,000 fr. M. Naudet, nommé directeur en 1840, en remplacement de M. Letronne, acquit en 1848, au prix de 103,000 fr., la collection de médailles de M. Jean Rousseau, en 1854 la collection de manuscrits et livres sur l'Inde de M. Eugène Burnouf et en 1855 la collection de 67,000 portraits de Debure qui avait été précédée aux estampes de la donation, en 1851, du docteur Jecker.

De nombreuses réformes furent introduites, en 1858, par l'œuvre d'une commission présidée par M. Mérimée. M. Taschereau, administrateur adjoint depuis 1852 et administrateur général depuis 1858, les mit en œuvre avec une grande activité. M. Leopold Delisle, son éminent successeur, qui pourvoit par un labeur incessant et un zèle toujours en eveil, à tous les soins de cette administration si multiple et si complexe à la fois, a donné une impulsion sans exemple à ce bel établissement où tous les travailleurs sont assurés de trouver, non seulement les documents nécessaires à leurs études, mais aussi les conseils les plus obligeants et les renseignements les plus précieux. Les conservateurs, les bibliothécaires realisent cet idéal d'être à la fois des bibliographes de premier ordre et ce qui ne gâte rien, des gens d'esprit et d'abord avenant.

Sous le second Empire, la somme inscrite pour les acquisitions avait été ramenée à 102,000 fr.; en 1858 elle n'etait plus que de 73,200 fr. Grâce aux efforts de M. Merimée elle fut élevée quelques années plus tard à 114,350 fr. et fut l'objet depuis lors, d'allocations extraordinaires qui s'elevèrent à 301,000 fr.

Le budget se décomposait comme suit en 1878:

Personnel (165 agents de tous grades)....	375,000 fr.
Acquisitions et reliures	200,000
Matériel proprement dit:	
Chauffage, mobilier, habillement, etc...	39,023
Total	614,023 fr.

et de plus 50,000 fr. pour la confection de catalogues.

Le buget de 1898, se decompose ainsi:

Personnel	436,000 fr.
Matériel	272,000
Catalogue..................................	80,000
Total	788,000 fr.

Il n'est pas possible de préciser de façon exacte le nombre des volumes que comporte le département des imprimés, toutefois on peut dire que ce département contenait, en 1885, 1,500,000 volumes environ, alignés sur une longueur totale de 34 kilometres de rayons.

Accroissements annuels depuis 1847.

Années.	Dépôt Légal Paris.	Dépôt Légal Départements.	Total des colonnes 2 et 3.	Dons.	Acquisitions.	Total de l'accroissement.
1	2	3	4	5	6	7
1847	20.707	6.212	26.919	254	1.500	28,673
1848	17.337	6.543	23.880	134	1.117	25,131
1849	23.914	8.800	32.714	439	1.067	34,220
1850	29.732	11.343	41.075	366	1.396	42,837
1851	28.068	10.889	38.957	589	1.586	41.132
1852	11.791	11.105	22.896	236	941	24,073
1853	13.355	11.646	25.001	241	1.210	26,452
1854	11.879	12.391	24.270	229	1.236	25,735
1855	10.009	12.954	22.963	326	709	23,998
1856	9.721	13.423	23.144	256	982	24,382
1857	9.840	14.397	24.237	263	1.309	25,809
1858	10.011	16.262	26.273	476	1.611	28,360
1859	9.823	17.190	27.013	476	1.087	28,576
1860	10.450	20.171	30.621	863	1.158	32,642
1861	10.368	20.421	30.789	466	1.513	32,768
1862	10.967	20.102	31.069	420	1.145	32,634
1863	10.566	20.574	31.140	548	1.092	32,780
1864	9.977	21.337	31.314	489	1.548	33,351
1865	9.951	20.161	30.112	558	1.147	31,817
1866	9.776	18.354	28.130	814	787	29,731
1867	9.620	19.889	29.509	597	1.131	31,237
1868	10.259	19.164	29.423	617	1.308	31.348
1869	9.935	19.602	29.537	576	1.599	31.712
1870	6.885	14.079	20.964	438	965	22,367
1871	6.278	10.373	16.651	388	931	17,970
1872	9.451	11.675	21.126	614	3.064	28,104
1873	9.216	15.763	24.979	718	2.565	28,262
1874	9.910	19.424	29.334	958	1.773	32.065
1875	10.396	10.363	20.759	1.323	2.452	24.534
1876	13.375	19.140	32.515	1.830	3.121	37.466
1877	12.638	23.057	35.695	1.663	3.693	41.051
1878	11.647	21.164	32.811	2.659	3.711	39.181
1879	10.806	16.878	27.684	3.534	4.272	35.490
1880	10.491	13.567	24.058	2.154	3.711	29.923
1881	9.702	23.094	32.796	2.255	3.442	38.493
1882	8.211	36.387	44.598	2.666	3.317	50.581
1883	8.368	55.312	63.680	3.031	3.623	70.334
1884	8.156	50.606	58.762	4.049	5.609	68.420
1885	7.404	13.458	20.862	2.885	4.347	28.094
1886	7.412	12.254	19.666	3.022	4.386	27.074
1887	6.959	11.151	18.110	4.263	3.016	25.389
1888	6.835	13.975	20.810	4.174	2.726	27.710
1889	7.248	15.863	23.111	4.286	2.628	30.025
1890	7.054	14.665	21.719	4.415	3.595	29.729

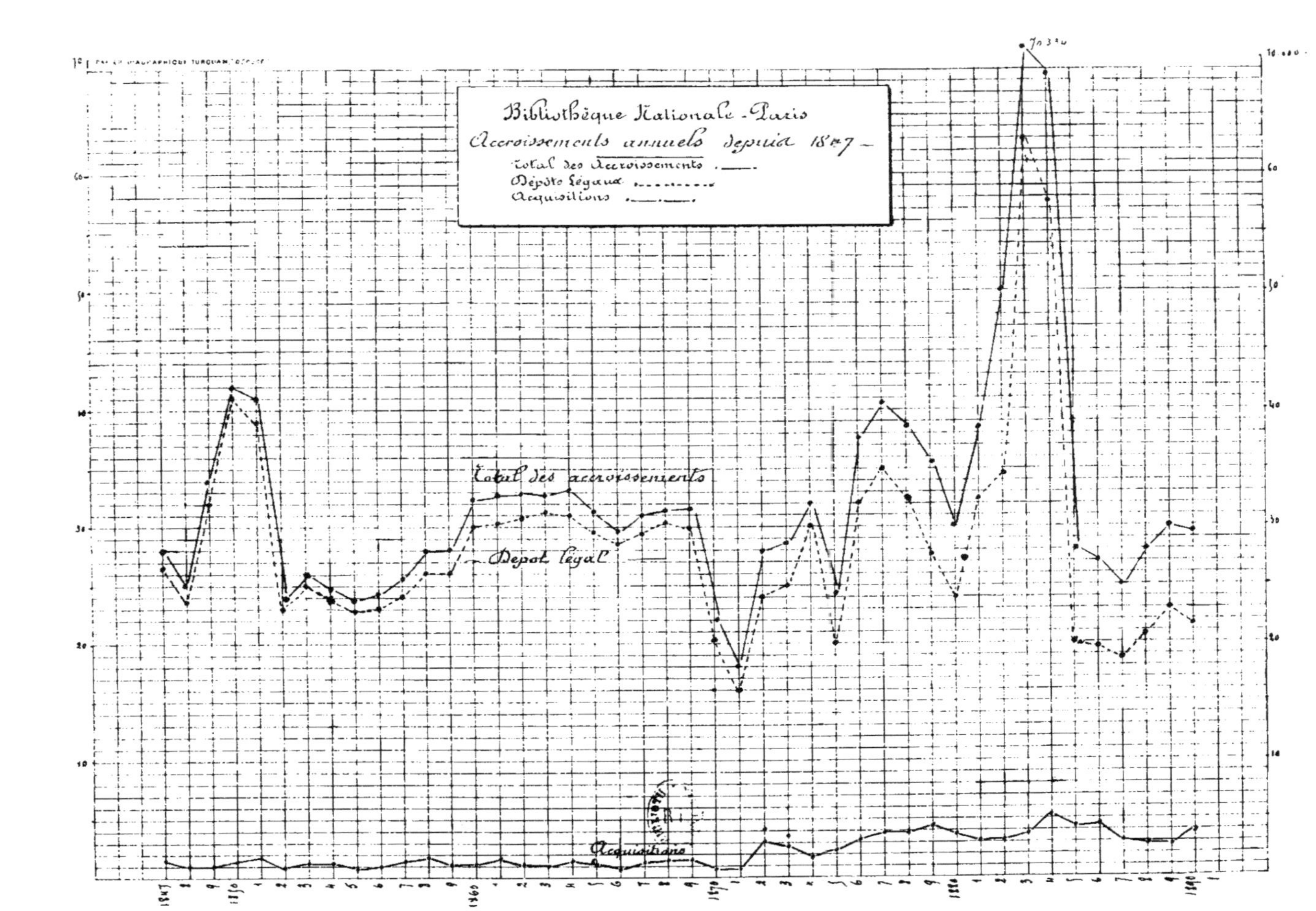

Bibliothèque Nationale - Paris
Accroissements annuels depuis 1847 -
Total des Accroissements
Dépôts légaux
Acquisitions
Total des accroissements
Dépot légal
Acquisitions
70 324
10.000
1847
1850
1860
1870
1880
1890

Accroissements annuels depuis 1847.

L'inspection du premier diagramme nous montre que les acquisitions ont, en quelque sorte, toujours suivi une voie ascendante. Il n'en va pas de même des accroissements resultant du dépôt légal, où l'on constate une augmentation tout à fait insolite, pour les années 1850 et 1851, laquelle peut etre attribuée, à notre sens, à la multiplicité des brochures et manifestes politiques qui ont paru à cette époque. Inversement, la baisse qui se produit en 1871, ne saurait être attribuée qu'aux préoccupations resultant de la guerre. Je dois me borner à constater le chiffre élevé de 70,334 numéros, réalisé en 1883, qui est une époque de pleine efflorescence de la librairie, et à remarquer que, dès 1885, une diminution de près de 75 % se produit, en raison de la crise de la librairie, — le dépôt légal représentant le total des livres imprimés annuellement en France; c'est en effet la diminution d'ouvrages imprimés au cours de l'année, que constate notre chiffre. Il serait très intéressant d'étudier les causes de cette crise, qui sévit dans la production des ouvrages imprimés en France; nous nous bornerons à en citer quelques-unes.

D'abord, la vogue du journal à bon marché dont les tirages se sont élevés dans des proportions considérables au détriment du livre, il en est résulté la ruine d'un certain nombre de maisons d'édition importantes, et la marché a été envahi par un stock considérable de livres anciens soldés à très bon marché, d'où une concurrence pour le livre nouveau. De plus, si certaines maisons d'édition sont restées debout, c'est parce qu'elles publient des ouvrages de luxe qui sont payés un prix très élevé, à cause de l'élégance de leur forme et aussi de leur faible tirage, ce qui, très justement, séduit le goût des amateurs, troisième concurrence au livre nouveau. Mentionnerai-je aussi les tirages à des nombres d'éditions considérables (100,000 et 150,000 exemplaires) de romans ou de pièces de théâtre; la faveur du public, au lieu de s'éparpiller sur un grand nombre de livres nouveaux, se concentre sur les mêmes œuvres, d'une vogue retentissante. Faisons entrer aussi, en ligne de compte, accroissement du nombre des revues dont chaque fascicule contient la matière de 4 ou 5 volumes, ce qui est encore un nouveau facteur à ajouter à notre thèse; nous invoquerons aussi dans ce même ordre d'idées, le développement très heureux d'ailleurs, qu'ont pris les livres encyclopédiques; chacun d'eux représente la matière de 20 à 30 volumes. Enfin, on n'imprime plus comme jadis, pour les cabinets de lecture, en 4 ou 5 tomes différents, un ouvrage qui peut être renfermé en un seul volume. En resumé, si nous admettons que la même somme est dépensée pour l'acquisition de livres, c'est dans une mesure considérablement amoindrie que cette somme se jette sur les livres courants de publication récente, en raison de la concurrence des journaux, des revues, des encyclopédies, des ouvrages de luxe ou des œuvres anciennes qui abondent dans les stocks.

Nous avons cru utile de tirer ces considérations économiques, du flechissement de la ligne représentant dans notre diagramme le dépôt legal.

Ouvrages communiqués aux Lecteurs.

Années.	Nombre de Lecteurs.			Nombre de volumes communiqués.		
	Salle Publique.	Salle de Travail.	Total.	Salle Publique.	Salle de Travail.	Total.
1868	16.890	23.675	40.565	33,940	77.713	110,653
1869	34.472	46.336	80.808	57.383	171.712	229,095
1870	27.570	30.077	57.647	48,284	109.333	157,617
1871	24.235	20.143	44.378	41,001	68,664	109,665
1872	35.538	39.303	74.841	55,011	142.475	197,516
1873	48.165	44.390	92.555	76,139	161,677	237,816
1874	52.708	49.804	102.512	83,452	171.850	255,302
1875	51.000	51.561	102.561	80,227	187.165	267,382
1876	53.181	53.256	106.437	79.674	174.707	254.381
1877	58.877	55.464	114.341	89.108	186.947	276.055
1878	58.961	54.008	112.969	88.153	185.966	274.119
1879	61.380	63.391	124.771	88.169	221.840	310.009
1880	54.390	59.198	113.588	79.207	213.744	292.951
1881	50.184	61.012	111.196	78,073	226,471	304.544
1882	55.741	65.494	121.835	88.890	251.583	340.473
1883	58.535	70.592	129.127	85.819	257.549	343,368
1884	59.131	71.932	131.063	93.782	274.211	367,993
1885	58.534	84.632	143.166	89.805	321.185	411.290
1886	57.306	89.162	146.468	84.774	342.313	427,087
1887	53.839	88.073	141.912	76.817	336.401	413.218
1888	63.832	98.656	162.188	93.775	381.409	475,184
1889	59.613	93.722	153.335	85.175	376.158	461,333
1890	66.678	99.112	165.790	93.871	398.166	492,037
1891	63.696	100.311	164.007	87.631	391.896	479.527
1892	62.429	102.910	165.339	83.844	409.887	493.731
1893	58.504	117.013	175.517	77.146	430.875	508.021
1894	61.316	135.170	196.486	79.091	444.435	523.526
1895	59.963	135.485	195.448	78.774	447.486	526.260
1896	60.304	141.450	201.751	83.408	500.562	583.970
1897	59.741	147.559	207.303	81.744	494.803	576.547
1898	61.109	149.618	210.727	79.120	494.823	573.943

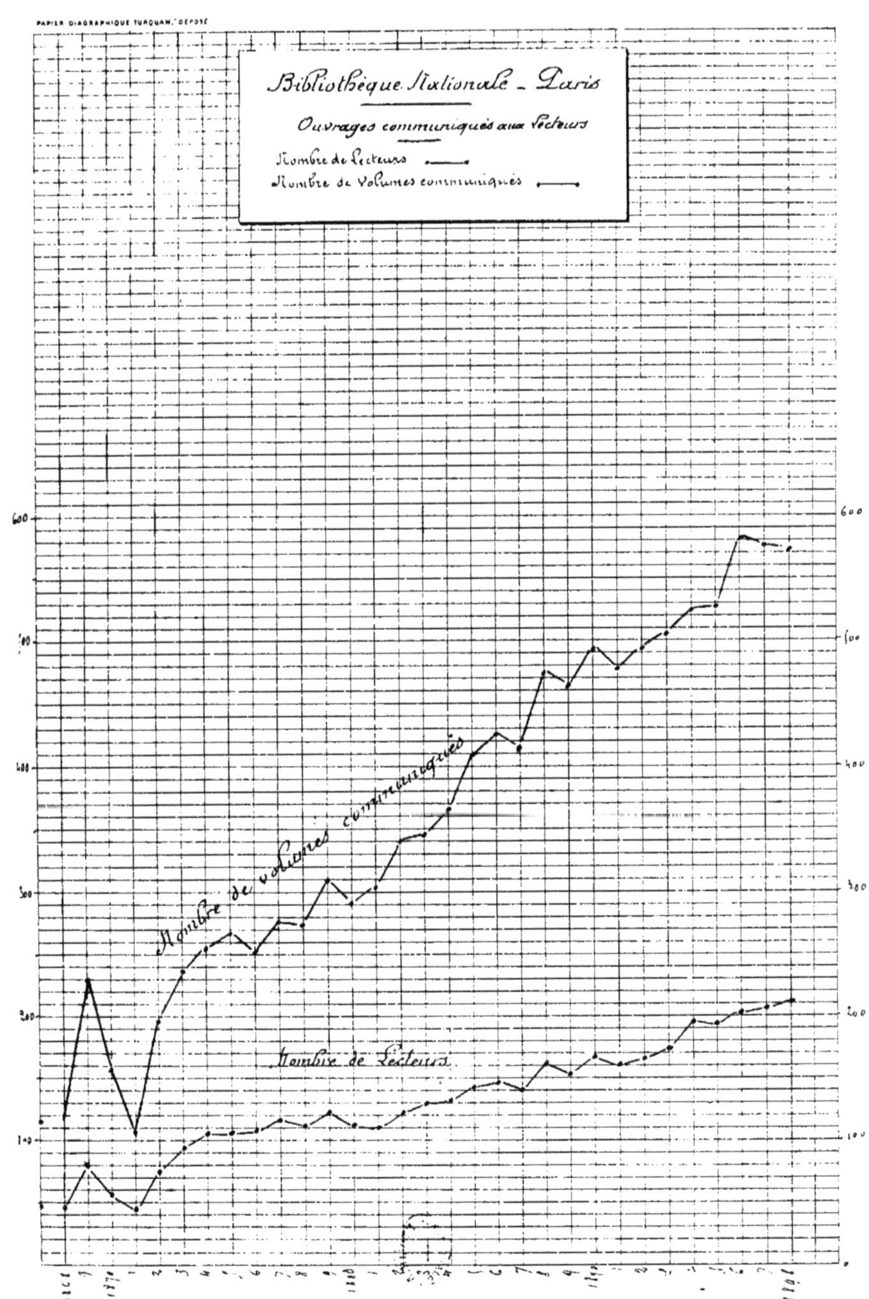
PAPIER DIAGRAPHIQUE TURQUAN, DÉPOSÉ
Bibliothèque Nationale – Paris
Ouvrages communiqués aux Lecteurs
Nombre de Lecteurs
Nombre de Volumes communiqués
Nombre de volumes communiqués
Nombre de Lecteurs
600
500
400
300
200
100
1868
1870
1880
1890
1898

Ouvrages communiqués aux Lecteurs

Le commentaire du second diagramme nous donne les résultats les plus satisfaisants pour le nombre toujours croissant de lecteurs, et aussi pour la conséquence qui en ressort directement, c'est à dire la progression du nombre de volumes communiqués.

Nous constatons en effet, que, à part la baisse qui est le résultat de la guerre de 1870—1871, la hausse n'a pas cessé de s'accentuer, avec de très faibles oscillations: La première période décennale après 1870, relève pour 1880 un chiffre de 49,000 lecteurs, chiffre qui avait été dépassé de plus de 10,000 pour l'année précédente; la seconde période décennale nous donne pour 1890 un résultat supérieur à 170,000 et nous atteignons, pour les 8 premières années de la troisieme période décennale, le nombre de 210,000 qui est relevé pour 1898.

Au point de vue du nombre des livres mis en circulation, l'année 1880 a atteint le chiffre de 310.000, et la période décennale qui se termine en 1890, 490,000, c'est-à-dire une augmentation de 60 %; enfin, les 8 premières années de la troisième période décennale, après avoir produit un total de volumes communiqués, en 1886, de plus de 580,000, se maintient en 1897—1898 à un chiffre supérieur à 570,000, soit une nouvelle augmentation de 15 %.

Il serait bon d'ajouter que ce chiffre de livres communiqués est de beaucoup inférieur au total réel des livres que les lecteurs ont eu en leurs mains. En effet, la salle de travail ne contient pas moins de 7500 volumes mis à la disposition du public qui peut les consulter sans faire une demande spéciale, et il existe de plus, sur une table particulière, le dernier fascicule paru de plus de 60 revues périodiques.

Demandes d'admissions à la Salle de Travail par Nationalité de Lecteurs.

Nationalité.	1896.	1897.	1898.
France	2.332	2.619	2.959
Allemagne	81	113	102
Amérique Centrale			1
Angleterre	45	60	58
Argentine	—	1	—
Autriche	21	15	30
Bavière	4	10	7
Belgique	8	10	13
Brésil			1
Bulgarie	—	3	4
Canada	1	1	4
Chili			1
Colombie			1
Costa-Rica		—	1
Danemark	14	21	11
Espagne	5	7	5
États-Unis	72	88	85
Grèce	2	—	1
Haïti	—	—	—
Irlande	—		2
Italie	4	9	17
Japon	1	—	2
Luxembourg	—	1	1
Mexique	1	—	—
Nicaragua	1	—	—
Pays-Bas	12	8	8
Pérou	2	4	2
Pologne	3	—	6
Portugal	2	2	2
Roumanie	15	10	15
Russie	50	72	71
Salvador	—	1	—
Serbie	2	1	3
Suède et Norvège	22	17	15
Suisse	13	23	22
Turquie	4	7	6
Vénézuéla	—		

BIBLIOTHÈQUE NATIONALE RF IMPRIMÉS

www.ingramcontent.com/pod-product-compliance
Ingram Content Group UK Ltd.
Pitfield, Milton Keynes, MK11 3LW, UK
UKHW020536180726
13839UKWH00006B/2541

9 782329 603247